17

COMPTE
DU TRÉSORIER
DU DISTRICT
DE SAINT-ÉTIENNE-DU-MONT,

A compter du 13 Juillet 1789, jusques & compris le 8 Septembre suivant.

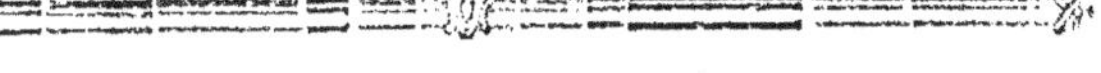

DISTRICT
DE SAINT-ÉTIENNE-DU-MONT.

COMPTE
DU TRÉSORIER DU DISTRICT,
A compter du 13 Juillet 1789, jusques & compris le 8 Septembre suivant.

OBSERVATIONS PRÉLIMINAIRES.

LE compte que l'on présente consiste dans les chapitres de Recette & de Dépense, & dans le Résultat ou Reste en caisse.

La Recette participe au caractere des circonstances & des événemens étonnans dont le concours étoit nécessaire pour opérer l'heureuse révolution à laquelle Paris & la France doivent leur salut & devront leur prospérité.

Le District n'est riche que des vertus, des talens, du patriotisme d'un grand nombre de ses citoyens. Voilà le fonds inépuisable où il a trouvé ses ressources pour faire face aux besoins & aux dangers d'une immense population qui ne subsiste que d'un travail journalier suspendu tout à coup. Ce peuple, que la dureté calomnie, en lui prodiguant des qualifications odieuses, rapproché, confondu, dirigé par les *bons*, a pris le caractere de la bonté, du patriotisme, du zele même. Le cœur & les procédés des citoyens qui le rassembloient, ne lui exprimant que des sentimens fraternels, lui ont inspiré la confiance. Il s'eſt fixé autour d'eux, au milieu d'eux ; il en a reçu du pain & des armes, le mouvement & le repos. Docile à tout, avec des amis nouveaux pour lui, il n'a point ſenti le commandement ; ſon obéiſſance, devenue volontaire, ne lui a point coûté. Il a vu ſes freres veiller, marcher avec lui, il ſe repoſoit ſur eux du ſoin d'aviſer, de diriger ſa conduite & de pourvoir à ſa ſubſiſtance.

Le Diſtrict, encore ſans argent, avoit déja dépenſé beaucoup. Aucun des fourniſſeurs n'avoit héſité de fournir, ni penſé qu'on pût héſiter. La confiance étoit générale ; chacun, ſans doute, la puiſoit dans ſon cœur & dans l'intérêt que nous avions tous à faire les ſacrifices néceſſaires à notre ſûreté.

C'eſt dans cet état qu'il fut nommé un Tréſorier. On n'avoit pas le tems de recourir au ſcrutin ; la confiance aſſignoit les places, le zele les faiſoit accepter. Voilà donc un Tréſorier, mais encore ſans recette ; il fut depuis confirmé dans une élection où le ſcrutin fut à peu près unanime.

Les premiers fonds furent fournis par le patriotiſme. M. le Curé de Saint-Etienne-du-Mont, MM. de Sainte Genevieve, les Ecoles de Droit, les Colleges de Navarre, de Montaigu, de Louis-le-Grand & autres, s'empreſſerent d'apporter des contributions volontaires. Le digne, l'excellent Paſteur de Saint-Etienne-du-Mont verſa encore le produit des quêtes & des offrandes. Il profita de l'aſcendant de la vertu & du droit que nous donnoient nos beſoins, pour obtenir des fonds de la Ville pluſieurs ſommes conſidérables. M. Duveyrier ſaiſit d'autres circonſtances pour réſerver des ſecours au Diſtrict. Pluſieurs citoyens remirent au tréſorier leurs contributions. Enfin, des collectes faites chez les citoyens ont aidé à ſubvenir aux dépenſes.

On ne croit pas devoir révéler ici les noms des bienfaiteurs ;

ce feroit, fans doute, bleffer leur modeftie ; plufieurs n'ont pas même voulu que leur nom fût infcrit au regiftre où ils ne font défignés que par le mot *inconnu.* D'ailleurs les noms des citoyens généreux, rendus publics, fembleroient accufer ceux qui n'ont pas encore fourni de contribution, ou qui n'en ont donné qu'une foible relativement à leur fortune ; ils fe réfervent, fans doute, pour les befoins à venir : mais les noms reftent au regiftre chez le Tréforier, & le double chez le Secrétaire du Diftrict, où il fera libre de vérifier la nature & les fources de la recette, qui ne fera indiquée que fommairement. Elle confifte en contribution, volontaires des corps & communautés, & des particuliers, fecours de la ville, produit des collectes, des gardes payées directement au bureau militaire, & enfin en quelques amendes. Voilà les moyens qui ont garanti le Diftrict de toute contribution forcée.

Il avoit cependant de grandes dépenfes à faire. Il falloit pourvoir à la fubfiftance du peuple dont les travaux étoient ceffés ; le retenir par ce moyen dans le fein du Diftrict, & empêcher que les mal-intentionnés ne s'en emparaffent pour en faire un inftrument de ruine.

Il a fallu le folder pour les gardes & patrouilles auxquelles on l'occupoit, & pour les expéditions auxquelles on le conduifoit.

Il a fallu fubvenir au prêt des Gardes-Françoifes, lorfque le prêt du Roi leur a manqué, & à la fourniture de leur pain.

Il a fallu acheter les armes dont le peuple s'étoit emparé aux Invalides & ailleurs. On pourvoyoit ainfi au moyen d'armer nos corps-de-garde, & l'on ôtoit l'inquiétude que ces armes répandues pouvoient occafionner.

Il a fallu de plus des munitions & des réparations pour mettre les armes en état.

Il a fallu fournir du linge, des chauſſures, & autres beſoins aux ſoldats qui s'étoient rendus au Diſtrict.

Enfin, pourvoir aux frais de bureaux, de lumiere, d'impreſſions, d'affiches, &c.

Telles ſont les dépenſes auxquelles il a fallu ſubvenir.

L'économie étoit impoſſible dans les jours de déſordre, de trouble & de confuſion; mais on n'a pas tardé à l'introduire, de moment à autre, à meſure qu'elle devenoit poſſible. Le Tréſorier, à portée de voir ce qui étoit ſuſceptible d'être ſupprimé, modéré, diminué de prix, faiſoit ſes obſervations qui ont toujours été accueillies ou prévenues.

Chacun a ſupporté les frais perſonnels qu'occaſionnoit ſon ſervice, ſoit des fréquentes députations à la ville ou vers les Diſtricts, des démarches pour les approviſionnemens, &c. Un membre des bureaux a fourni cinq rames de papier & d'autres proviſions.

La maiſon de Sainte-Genevieve a ouvert & livré ſes ſalles pour les bureaux; elle a logé & nourri pluſieurs ſoldats: la jeuneſſe de l'Univerſité a offert ſes ſervices & donné des contributions. L'exemple & l'émulation étoient réciproques entre les maîtres & les éleves. Chaque jour voyoit des délibérations ſages, des ſacrifices, un zele ſoutenu & varié comme les beſoins. Tant de vertu, de courage, de patriotiſme, méritent les éloges & l'admiration; mais qui les pourroit aſſez louer! La ſageſſe & l'éloquence ont préſidé les aſſemblées générales & particulieres. On a été étonné de découvrir chaque jour des tréſors de talens, de lumieres, de haute capacité. Les citoyens ſe ſont connus: c'eſt aſſez dire qu'ils ſe ſont aimés, eſtimés, liés par l'amour unanime du bien commun. Tant d'avantages ne feront point ſtériles; ils doivent aſſurer le bonheur, comme ils ont écarté les malheurs dont nous étions entourés & preſſés.

On ne trouvera point ici déplacé l'hommage rendu aux vertus & aux talens des citoyens que renferme ce Diſtrict. C'eſt ce genre de richeſſe qui l'a ſecouru & diſtingué.

Le compte que rend le Tréſorier eſt ſommaire, parce que toute la Recette eſt juſtifiée par le regiſtre de recette dont il joint copie.

La Dépenſe eſt de même ſoutenue de pieces dans toutes ſes parties, & ces pieces ſont jointes & dépoſées.

Les fonctions du Tréſorier ont été d'abord très-laborieuſes, par la multiplicité des articles à payer & le nombre d'individus qui venoient avec des pieces inſuffiſantes, ou ſans pieces, & qu'il falloit renvoyer ; mais aujourd'hui l'ordre s'eſt établi & ſe perfectionnera dans tous les objets de dépenſe ; elle va ſe réduire encore. Ainſi le ſucceſſeur que le Tréſorier demande aura moins de travail & d'aſſujettiſſement dans un an, qu'il n'en a eu dans un des mois où il a fait le ſervice.

Compte que rend à Meſſieurs du Comité du Diſtrict de Saint-Etienne-du-Mont, des Recettes & Dépenſes faites pour ledit Diſtrict, Pierre-François Boncerf, *de la Société Royale d'Agriculture, Tréſorier dudit Diſtrict, à compter du 13 Juillet 1789, juſques & compris le 8 Septembre ſuivant.*

CHAPITRE PREMIER.

RECETTE.

Fait recette, le Comptable, de la ſomme de *vingt-cinq mille huit cent cinquante-huit livres cinq ſous*, provenans des fonds de l'hôtel-de-ville, des contributions volontaires à lui apportées directement par plusieurs particuliers, corps & communautés, & des collectes faites par les commissaires à ce députés, qui en ont versé le montant dans les mains du Comptable, &c.; ainsi qu'il est énoncé plus amplement & par le détail dans son registre de recette dont copie est ci-jointe, certifiée & cotée *premiere*, ci . . . . 25858 l. 5 s.

CHAPITRE SECOND.

DÉPENSE.

FAIT dépense, le Comptable, de la somme de *vingt mille trois cents onze livres quinze sous*, montant des paiemens faits sur les ordonnances des Bureaux militaires, de subsistance & des premiers Officiers de service, lors de la formation du District, ainsi qu'il est énoncé au registre dont copie est ci-jointe, certifiée & cotée *deuxieme*; lesquelles dépenses sont justifiées par les pieces contenues dans différentes liasses, à chacune desquelles est joint un bordereau de la main du Comptable, visé de différens membres du bureau de subsistance, ci . 20311 l. 15 s.

Pour la satisfaction des intéressés à la connoissance des Recettes & Dépenses qui sont la matiere du présent Compte, le Comptable y a joint non-seulement copie de ses registres de recette & de dépense, & déposé toutes & chacune piece qui ont autorifé & ordonné lefdites dépenfes, n'en ayant fait aucune fans un ordre écrit & figné de perfonnes qualifiées à ce faire ; il a, en outre, cru devoir faire des relevés pour conftater la nature des recettes & des dépenfes, d'où il réfulte ce qui fuit : favoir :

Récapitulation des natures de Recette.

Recette provenante des contributions volontaires des corps & communautés	4969 l.	12 f.	
Idem, provenant des contributions volontaires des différens citoyens . .	892	14	
Idem, provenant du Tréforier de la Ville	11000		
Id. provenant de différentes collectes .	3280	7	
Id. provenant des fonds communs de la Ville, réfervés par M. Duveyrier .	5600		
Id. provenant des gardes payées . .	110	4	
Id. provenant d'amendes	5	8	
Somme pareille à celle du journal de recette	25858	5	

Récapitulation des natures de Dépenfe.

Subfiftances, approvifionnemens, lumiere, fervices des Suiffes, & Bedeau	5740 l.	14 f.	d
Solde des gardes montées, voyages, expéditions	6105 l.	17 f.	6
Prêt des Gardes-Françaifes	3551		
Achat d'armes, munitions, réparations & journées d'armurier	2797	17	6
Equipement, linge & chauffure, &c.	889	12	
Frais & fournitures des bureaux . .	86	4	
Impreffion, affiches, &c.	1140	10	
Somme pareille à celle du journal de dépenfe	20311 l.	15 f.	

RÉCAPITULATION GÉNÉRALE.

La recette eſt de	25858 l.	5 ſ.
La dépenſe s'éleve à	20311	15
Il reſte en caiſſe à l'époque du huit Septembre incluſivement, la ſomme de *cinq mille cinq cent quarante-ſix livres dix ſous*, ci	5546 l.	10 ſ.

Le Compte, dont on préſente le réſultat, a été ainſi arrêté au Bureau des ſubſiſtances le 14 Septembre 1789, & ſigné par MM. Roucher, Préſident du Diſtrict; Deſcemet, Morizot, Menard & Saillant.

Pendant l'intervalle du 8 au 15, que le Tréſorier a continué le ſervice, il a reçu *neuf cent trente-neuf livres*, ci .	939 l.	ſ.
Ce qui, avec le reſte en caiſſe au 8 de ce mois, de	5546	10
fait monter le reſtant de la recette à .	6485 l.	10 ſ.
Dans le même intervalle il a dépenſé	1485	10
Le reſte en caiſſe, audit jour 15 Septembre, eſt de	5000 l.	

Qui a été remis à M. Bataille, nouveau Tréſorier élu au ſcrutin dans l'Aſſemblée générale du 12 Septembre.

EXTRAIT du Procès-Verbal de l'Aſſemblée générale du Diſtrict de Saint-Etienne-du-Mont.

Du 12 Septembre 1789.

M. Boncerf, Tréſorier du Diſtrict, a repris la lecture de ſes obſervations préliminaires ; elle a été pluſieurs fois interrompue par des applaudiſſemens qu'une éloquence ſimple, douce, touchante & toute à la fois énergique & grande ne manque jamais d'exciter. Tel eſt le genre d'éloquence qui caractériſe, d'une maniere ſi honorable pour M. Boncerf, ſes obſervations préliminaires. Il lui a été facile de tracer le tableau vrai & impoſant, des talens, du zele, de la généroſité & du patriotiſme d'un grand nombre de citoyens de ce Diſtrict : il n'a eu qu'à lire dans ſon cœur ; ces vertus & toutes celles que la ſaine morale préconiſe, en ont été de tous les tems les principaux ornemens. Les obſervations de M. Boncerf étoient ſuivies d'un réſumé de ſon Compte, par lequel il appert que la Recette qu'il a faite depuis le 13 Juillet dernier, juſqu'au 8 de ce mois incluſivement, montoit à la ſomme de *vingt-cinq mille huit cent cinquante-huit livres cinq ſous* ; & la Dépenſe, aux mêmes époques, à celle de *vingt mille trois cent onze livres quinze ſous* ; que partant il reſtoit en Caiſſe, audit jour 8 du préſent mois incluſivement, la ſomme de *cinq mille cinq cent quarante-ſix livres dix ſous*.

Après cet expoſé, M. Boncerf a témoigné à l'Aſſemblée ſes regrets de ce que les voyages qu'il alloit faire le mettoient dans l'impoſſibilité de répondre plus long-tems à la confiance que le Diſtrict avoit bien voulu lui accorder, de remplir la tâche qu'il lui avoit impoſée, & de continuer à lui donner des preuves de ſon zele & de ſon devouement, ainſi que du vif intérêt qu'il prenoit au bonheur particulier de tous les citoyens qui le compoſent.

Un honorable Membre, qu'il nous a paru difficile de devancer lorfqu'il s'agit de rendre hommage aux vertus & aux talens de fes concitoyens, M. de la Vigne, à qui il convient fi bien d'apprécier tout ce qui part d'un cœur pénétré des fentimens du patriotifme, dont il a conftamment donné des preuves fignalées & cumulées depuis le premier inftant de la révolution, après avoir payé publiquement à M. Boncerf le jufte tribut d'éloge que chacun des Membres de l'Affemblée lui rendoit en particulier, a voté des remerciemens pour cet Officier recommandable à tant de titres, & a demandé que dans le procès-verbal du jour il fût fait une mention diftinguée des obfervations dont il venoit d'être fait lecture, & que ces obfervations fuffent mifes en tête du compte, qui feroit rendu public par la voie de l'impreffion.

Il a été arrêté, à la très-grande pluralité, que le compte de M. le Tréforier feroit rendu public par la voie de l'impreffion, & que les obfervations dont cet Officier venoit de faire lecture à l'Affemblée feroient imprimées en tête de fon compte. Ce décret a été fuivi des plus vifs & des plus finceres applaudiffemens, témoignages auffi flatteurs que mérités des fentimens d'eftime & de reconnoiffance que l'Affemblée s'étoit réfervé de rendre unanimement à M. Boncerf, fentimens qu'elle lui confervera.

Signé, ROUCHER, *Préfident.*
JACQUINOT & LEFEBVRE, *Secrétaires.*

Certifié véritable & conforme à l'original par moi fouffigné, dans l'Abbaye Sainte-Geneviève, le 28 Septembre 1789.

LEFEBVRE, *Secrétaire général.*

A PARIS De l'Imprimerie de la Veuve VALADE, Imprimeur du Diftrict de Saint-Etienne-du-Mont, rue des Noyers. 1789.

www.ingramcontent.com/pod-product-compliance
Lightning Source LLC
LaVergne TN
LVHW012018170826
845678LV00004BA/1537

* 9 7 8 2 3 2 9 6 2 3 5 7 3 *